글 방콕고양이 그림 이연

EBS BOOKS

들어가는 말

급수 한자로 어휘력 키우기에 도전해요!

얼마 전의 일이에요. 올림픽에서 우리나라 양궁 대표팀이 금메달을 획득하자 인터넷에 '대한민국 양궁이 올림픽 9연패를 달성했다'는 기사가 발 빠르게 올라왔지요. 그런데 곧바로 기사에 항의하는 댓글이 달렸습니다. 우승을 했는데 '연패'라고 잘못된 정보를 전달했다는 것이었지요. 댓글의 지적대로 '연패(連敗)'는 '싸움이나 경기에서 계속하여 진다'는 뜻입니다. 그러니 지난 올림픽에 이어 또다시 금메달을 딴 대표 팀에게 '연패(連敗)'라는 표현을 사용한다면 그것은 잘못된 것이 맞습니다. 그런데 기사는 틀리지 않았어요. 기자는 분명 '연패(連敗)'가 아닌 '연패(連霸)'를 생각하며 썼을 것이기 때문입니다. 국어사전에서 '연패(連霸)'는 '운동 경기 따위에서 연달아 우승함'이라고 설명하고 있어요. 댓글로 항의를 했던 사람은 똑같이 '패'라고 읽지만, 전혀 다른 의미를 가진 한자가 있다는 것을 미처 몰랐던 것입니다. 어휘력 혹은 한자 실력이 부족해서 일어난 해프닝이었지요.

우리말의 상당수는 한자어로 되어 있습니다. 따라서 한자는 우리말 어휘력을 키우는 데 큰 영향을 준답니다. 귀여운 멍이, 냥이와 함께 급수 한자를 시작으로 어휘력 키우기에 도전해 보는 건 어떨까요?

캐릭터 소개

멍이
아직 한 살도 안 된 하룻강아지.
많이 먹고, 많이 뛰고, 많이 귀엽다!
냥이에게 많은 것을 배우면서도
호시탐탐 냥이의 지위를 노린다.

냥이
세상 이치를 깨달은 세 살 고양이.
치명적인 귀여움을 감추고 있다.
산만한 멍이를 성가셔 하면서도
늘 챙기고 가르침을 주려 애쓴다.

집사
멍냥이를 돌보는 남자 인간.
멍냥이도 한숨을 쉴 정도로
게으른 모태 솔로.

차례

1장 온실 속의 멍냥, 좌충우돌 모험을 떠나다!   06

- 도전! 7급 멍냥 한자   28
- 알고 싶어 멍냥 한자   네 글자에 담긴 지혜, 사자성어   31

2장 집 나오면 고생? 멍냥이는 달라, 달라!   32

- 도전! 7급 멍냥 한자   54
- 알고 싶어 멍냥 한자   동병상련   57

3장 여긴 어디, 우린 누구? 길 잃은 멍냥 형제   58

- 도전! 7급 멍냥 한자   80
- 알고 싶어 멍냥 한자   아전인수   83

4장 걱정 마, 잘될 거야. 우린 늘 함께니까! — 84

- 도전 7급 멍냥 한자 — 106
- 알고 싶어 멍냥 한자) 사면초가 — 109

5장 소소하지만 확실한 행복♡ 즐거운 멍냥 생활 — 110

- 도전 7급 멍냥 한자 — 132
- 알고 싶어 멍냥 한자) 우이독경 — 135

쓰며 익히자 7급 멍냥 한자 — 136

정답 — 148

찾아보기 — 150

家 自 孝 動

온실 속의 멍냥, 좌충우돌 모험을 떠나다! 1장

子
世   足   手   立
     男

가장의 무게

집사는 우리 멍냥 가문 家門 의 희망이자 한줄기 빛 같은 존재라개.

늘 믿음직스럽고 존경스러운 가장 家長 이라고 생각하고 있었다옹.

1인 가구 家口 에서 식비가 이렇게 나오는 게 말이 돼?

가가호호 家家戶戶 사정이 있는 법 아니겠냐~옹.

옳소!

이렇게 쓰여요!

家家戶戶 (가가호호) — 지게 호
한집한집

家口 (가구) — 입
현실적으로 주거 및 생계를 같이하는 사람의 집단

家
부수: 宀
뜻: 집
음: 가

집·가족이라는 뜻을 가진 글자로, 宀(집 면)과 豕(돼지 시)가 결합한 모양이에요.

옛날에는 가축을 집에서 기르는 경우가 많아서 글자에도 포함된 거라옹.

家訓 (가훈) — 가르칠 훈
한집안의 조상이 자손들에게 일러 주는 가르침

歸家 (귀가) — 돌아올 귀
집으로 돌아가거나 돌아옴

이렇게 써요!

순서 총 10획

家家家家家家家家家家

헷갈리지 말자!

豕 돼지 시   象 코끼리 상

이렇게 쓰여요!

自給自足 (줄 자 / 급 / 발 자 / 족)
필요한 물자를 스스로 생산하여 충당함

自立 (설 자 / 립)
남에게 의지하지 아니하고 스스로 섬

自尊心 (자 / 높을 존 / 마음 심)
남에게 굽히지 아니하고 자신의 품위를 스스로 지키는 마음

自負心 (자 / 짐질 부 / 마음 심)
자신과 관련된 것에 대해 스스로 그 가치나 능력을 믿고 당당히 여기는 마음

부수 自
自
뜻: 스스로
음: 자

스스로·몸소·자기라는 뜻으로, 사람 얼굴의 중심인 코를 정면에서 그린 모양이에요.

自 자의 본래 의미는 '코'였는데, 이제는 鼻(코 비)가 '코'의 의미를 대신하고 있다개.

이렇게 써요!

순서 총 6획

自 自 自 自 自 自

헷갈리지 말자!

白 흰 백   目 눈 목   且 또 차

사건의 시작

이렇게 쓰여요!

忠孝 (충효) — 충성
충성과 효도를 아울러 이르는 말

孝心 (효심) — 마음
효성스러운 마음

孝子 (효자) — 아들
부모를 잘 섬기는 아들

孝行 (효행) — 다닐
부모를 잘 섬기는 행실

부수 子
孝
뜻 효도
음 효

효도·부모를 섬기다라는 뜻으로, 耂(늙을 노)와 子(아들 자)가 결합한 모양이에요.

아들이 노인을 등에 업은 모양, 혹은 노인과 어린아이가 함께 노니는 모습이군.

이렇게 써요!

순서 총 7획

孝 孝 孝 孝 孝 孝 孝

헷갈리지 말자!

老 늙을 로(노)   考 생각할 고   者 놈 자

충동적인 식욕

이렇게 쓰여요!

行動 (다닐 행, 동)
몸을 움직여 동작을 하거나 어떤 일을 함

衝動的 (찌를 충, 동, 과녁 적)
어떤 욕구 같은 것이 갑작스럽게 일어나는

自動車 (스스로 자, 동, 수레 차)
원동기를 장치해 그 동력으로 바퀴를 돌려 도로 위를 달리는 이동수단

出動 (날 출, 동)
부대 따위가 일정한 목적을 실행하기 위하여 떠남

부수 力
動
뜻 움직일
음 동

움직이다·옮기다·흔들리다라는 뜻으로, 重(무거울 중)과 力(힘 력)이 결합한 글자예요.

무거운 보따리를 맨 사람이 보따리를 옮기려고 힘을 쓴다는 뜻을 표현한 거라개.

이렇게 써요!

순서 총 11획

動 動 動 動
動 動 動 動
動 動 動

헷갈리지 말자!

童 아이 동

勳 공 훈

멍이의 준비성

이렇게 쓰여요!

後世 (뒤 후, 세)
다음에 오는 세상. 또는 다음 세대의 사람들

世界 (세, 경계 계)
지구상의 모든 나라. 또는 인류 사회 전체

身世 (몸 신, 세)
다른 사람에게 도움을 받거나 폐를 끼치는 일

中世 (가운데 중, 세)
역사의 시대 구분의 하나로, 고대에 이어 근대에 선행하는 시기

부수 一
世
뜻 인간
음 세

일생·생애·세대라는 뜻으로, 나뭇가지와 이파리를 함께 나타낸 글자예요.

나뭇가지만 봐도 일 년 사계절이 지나는 것을 알 수 있어서 '생애'를 나타낸다옹.

이렇게 써요!

순서 총 5획

世 世 世 世 世

헷갈리지 말자!

也 어조사 야   巴 꼬리 파   回 돌아올 회

이렇게 쓰여요!

種子 (씨)
종 자
식물에서 나온 씨 또는 씨앗

母子 (어머니)
모 자
어머니와 아들을 아울러 이르는 말

遺傳子 (남길·전할)
유 전 자
생물체의 개개의 유전 형질을 발현시키는 원인이 되는 인자

菓子 (실과)
과 자
밀가루 등에 설탕, 우유 따위를 섞어 굽거나 기름에 튀겨서 만든 음식

부수 子
뜻 아들
음 자

아들·자식이라는 뜻으로, 포대기에 싸여 있는 어린아이를 나타낸 글자예요.

원래는 '아이'를 뜻했지만, 중국이 남자 중심 사회가 되면서 '남자아이'를 뜻하게 되었대기.

이렇게 써요!

순서 총 3획

子 子 子

헷갈리지 말자!

- 孑 외로울 혈
- 了 마칠 료(요)
- 于 어조사 우
- 予 나 여, 줄 여

이렇게 쓰여요!

풍년 豊足하다 (풍)(족)
매우 넉넉하여 부족함이 없다

찰 滿足 (만)(족)
마음에 흡족함

부수 足
足
뜻 **발**
음 **족**

발·뿌리·만족하다라는 뜻으로, 止(발 지)와 口(입 구)가 결합한 글자예요.

무릎에서 발끝까지의 모양을 본뜬 글자다옹.

아닐 不足 (부)(족)
필요한 양이나 기준에 미치지 못해 충분하지 아니함

쇠사슬 足鎖 (족)(쇄)
자유를 구속하는 대상을 비유적으로 이르는 말

이렇게 써요!

순서 총 7획

足 足 足 足 足 足 足

헷갈리지 말자!

足 짝필, 발소   走 달릴 주   是 옳을 시

순간 포착

이렇게 쓰여요!

能手能爛 (능수능란)
능할 / 손 / 능할 / 불에 데일
일 따위에 익숙하고 솜씨가 좋음

一擧手一投足 (일거수일투족)
하나 / 들 / 손 / 하나 / 던질 / 발
크고 작은 동작 하나하나를 이르는 말

부수 手
手
뜻 손
음 수

손·재주·수단·방법이라는 여러 뜻을 가진 글자로, 사람의 손 모양이에요.

주로 손과 관련된 특별한 기술을 가진 <u>전문가</u>를 뜻할 때 자주 쓴다개.

失手 (실수)
잃을 / 손
조심하지 아니하여 잘못함. 또는 그런 행위

訓手 (훈수)
가르칠 / 손
남의 일에 끼어들어 이래라저래라 하는 말

이렇게 써요!

순서 총 4획

手 手 手
手

헷갈리지 말자!

千 일천 천
干 방패 간
毛 터럭 모
乇 부탁할 탁

이렇게 쓰여요!

醜男 (추할 추 / 남)
얼굴이 못생긴 남자

美男 (아름다울 미 / 남)
얼굴이 잘생긴 남자

男子 (아들 남 / 자)
남성으로 태어난 사람

男妹 (손아랫 누이 남 / 매)
오빠와 누이를 아울러 이르는 말

부수 田
男
뜻 사내
음 남

남자·아들이라는 뜻으로, 田(밭 전)과 力(힘 력)이 결합한 모습이에요.

力 자는 밭을 가는 농기구인 쟁기를 그린 것으로, 농사짓는 남자를 뜻한다~옹.

이렇게 써요!

순서 총 7획

男 男 男 男 男 男 男

헷갈리지 말자!

界 지경 계   思 생각 사   另 헤어질 령(영)

이렇게 쓰여요!

묻을 땅
埋立地
매 립 지

낮은 땅을 돌이나 흙 따위로 메워 돋운 땅

마당
立場
입 장

당면하고 있는 상황

부수 立
立
뜻 설
음 립(입)

서다·똑바로 서다·임하다라는 뜻으로, 땅 위에 선 사람을 표현한 글자예요.

서 있는 모양이나 위치뿐만 아니라 당당한 존재감을 뜻하기도 한다개.

시장
市立
시 립

공익을 위해 시의 예산으로 세우고 관리함

외로울
孤立
고 립

다른 사람과 어울리지 않거나 다른 사람의 도움을 받지 못해 외따로 떨어짐

이렇게 써요!

순서 총 5획

立 立 立 立 立

헷갈리지 말자!

竝 나란히 **병**   位 자리 **위**   泣 울다 **읍**

도전! 7급 멍냥 한자

1. 풀이에 맞는 한자어의 음을 써 봅시다.

① 衝動的 　　　　　마음속에서 어떤 욕구 같은 것이 갑작스럽게 일어나는

② 出動 　　　　　부대 따위가 일정한 목적을 실행하기 위하여 떠남

③ 行動 　　　　　몸을 움직여 동작을 하거나 어떤 일을 함

2. 문장에서 한자어를 바르게 읽은 것은 어느 것일까요?

- 自負心(자립심 | 자부심)은 자신과 관련된 것에 대해 스스로 그 가치나 능력을 믿고 당당히 여기는 마음이다.
- 自尊心(자존심 | 자만심)은 남에게 굽히지 아니하고 자신의 품위를 스스로 지키는 마음이다.

3. □에 들어갈 말을 차례로 써 봅시다. (　　　/　　　)

□□는 식물에서 나온 씨앗을 말하며, □□□는 생물체 개개의 유전 형질을 발현시키는 원인이 되는 인자를 말한다.

4. □에 공통적으로 들어가야 할 한자는 무엇일까요?

- BTS는 전 □계적으로 매우 유명한 한국의 보이 밴드이다.
- 젊은 □대는 기성□대보다 새로운 문화를 더 빨리 받아들이는 경향이 있다.

① 子   ② 家   ③ 世   ④ 動

5. ( ) 안에 있는 한자의 뜻과 읽는 소리는 무엇일까요? (뜻: 소리:)

- 이 고장은 예로부터 (孝)자와 (孝)녀가 많이 나온 곳으로 유명하다.
- 세종 대왕은 (孝)행을 백성들에게 널리 알리기 위해 <삼강행실도>를 펴냈다.

6. 풀이에 맞는 한자어를 연결하세요.

| 한집안의 조상이 자손들에게 일러 주는 가르침 | ① | ⓐ | 家家戶戶(가가호호) |
| 한 집 한 집 | ② | ⓑ | 家訓(가훈) |

문장에서 한자어를 바르게 읽은 것은 어느 것일까요?

- 나는 발표 수업에서 失手(실수|재수)하지 않기 위해 하루 종일 연습했다.
- 다른 사람의 일에 이래라저래라 訓手(박수|훈수) 두는 것은 예의가 아니다.

 ( ) 안에 있는 한자의 뜻과 읽는 소리는 무엇일까요? (뜻: 소리:)

- 폭설로 모든 길이 끊겨 마을이 완전히 고(孝)되었다.
- 많은 시민이 새로운 시(立) 도서관 건설에 찬성했다.

 빨간색으로 표시한 획은 몇 번째에 써야 할까요? (   )

① 첫 번째   ② 두 번째
③ 네 번째   ④ 여섯 번째

 지금까지 익힌 한자를 떠올리며 문장을 읽어 봅시다.

醜男이든 美男이든 그게 뭐가 중요해? 현명하고 마음씨가 고와야지.

알고싶어 멍냥한자

네 글자에 담긴 지혜, 사자성어

두 개 이상의 단어가 합쳐져 새로운 뜻을 가진 하나의 어구가 된 것을 '성어(成語)'라고 합니다. 한자 성어에는 단어들이 어울려 이루어진 단순 성어가 있고, 옛날이야기나 옛날 사람들의 일화에서 유래한 '고사성어(故事成語)'가 있어요. 그런데 한자 성어들은 대부분 네 글자로 이루어져 있어서, 이 모두를 가리켜 흔히 '사자성어(四字成語)'라고 불러요. 사자성어는 비유적이고 함축적이며, 교훈을 담고 있기도 해서 일상에서 많이 쓰이지요.

단어들이 어울려 이루어진 단순 성어			
父	傳	子	傳
아버지 부	전할 전	아들 자	전할 전
아버지의 성격이나 행동이 아들에게 그대로 대물림되어 같거나 비슷함			

단순 성어는 한자만 봐도 어떤 내용인지 짐작할 수 있다개.

성어가 만들어진 유래가 있는 고사성어			
漁	夫	之	利
고기잡을 어	남편 부	갈 지	이로울 리
두 사람이 서로 싸우는 사이에 엉뚱한 사람이 애쓰지 않고 이익을 가로챔			

고사 옛날, 어느 강가에서 도요새가 조개의 속살을 먹으려고 부리로 조가비 안을 콕 쪼았다. 그러자 조개는 껍데기를 꽉 닫아 도요새의 부리를 물어 버렸고, 둘은 이렇게 서로 놓아주지 않고 버티고 있었다. 이 모습을 본 어부는 얼른 둘을 잡아 바구니에 넣었다.

고사성어는 유래가 있어서 그 내용을 알아야만 비로소 이해할 수 있다옹.

집 나오면 고생?

멍냥이는 달라, 달라!

2장

上 下 方 午 間 時

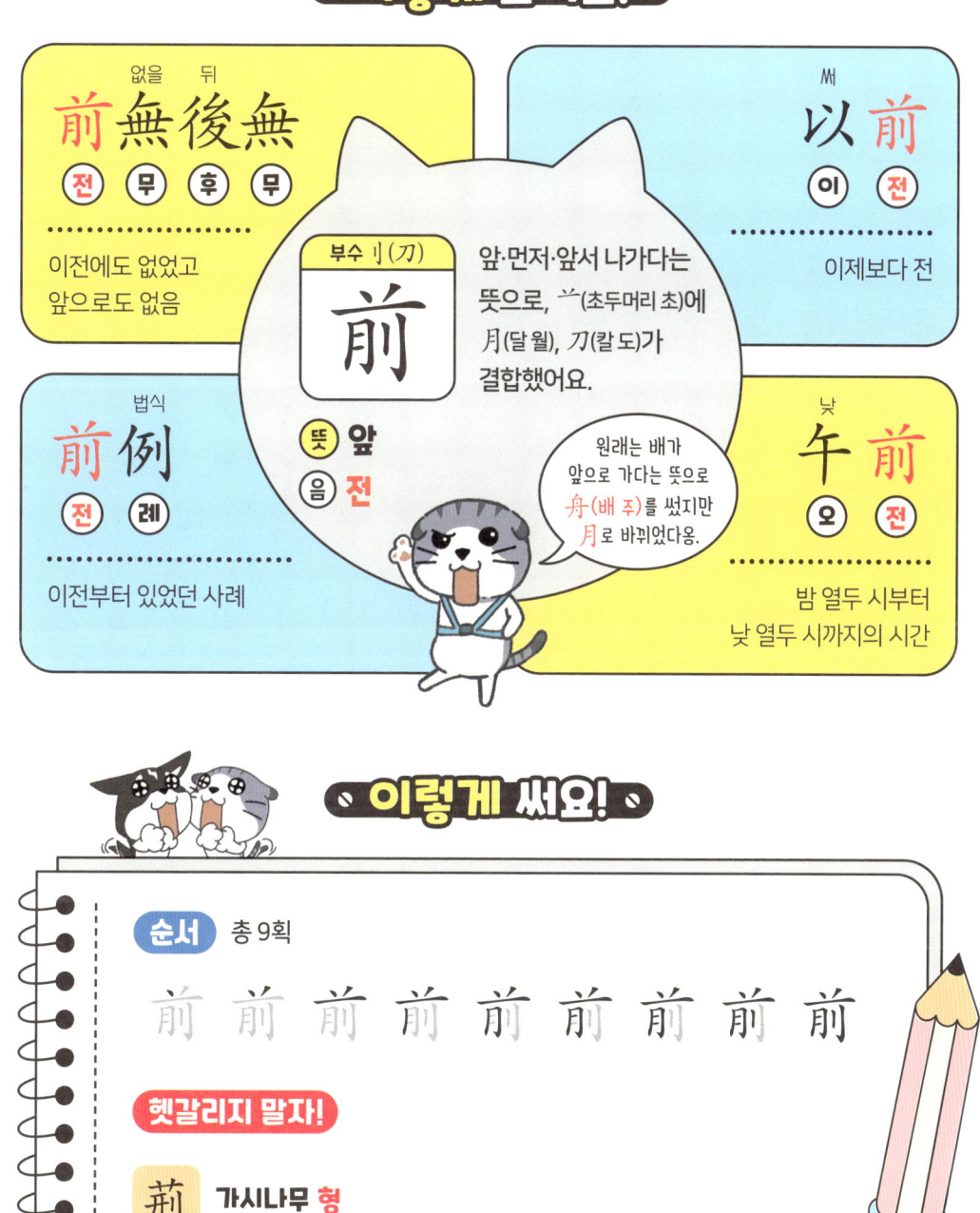

승리의 대가

이렇게 쓰여요!

後退 (후퇴) — 물러날
뒤로 물러남

後遺症 (후유증) — 남길, 증세
어떤 일을 치르고 난 뒤에 생긴 부작용

後悔 (후회) — 뉘우칠
이전의 잘못을 깨치고 뉘우침

最後 (최후) — 가장
맨 마지막

後
부수 彳
뜻 뒤
음 후

뒤·뒤떨어지다·뒤치다라는 뜻으로, 彳(조금 걸을 척), 幺(작을 요), 夂(뒤쳐져 올 치)가 결합한 글자예요.

족쇄를 찬 노예가 길을 걷는 모습을 그린 거다멍.

이렇게 써요!

순서 총 9획

後 後 後 後 後 後 後 後 後

헷갈리지 말자!

復 회복할 복, 다시 부

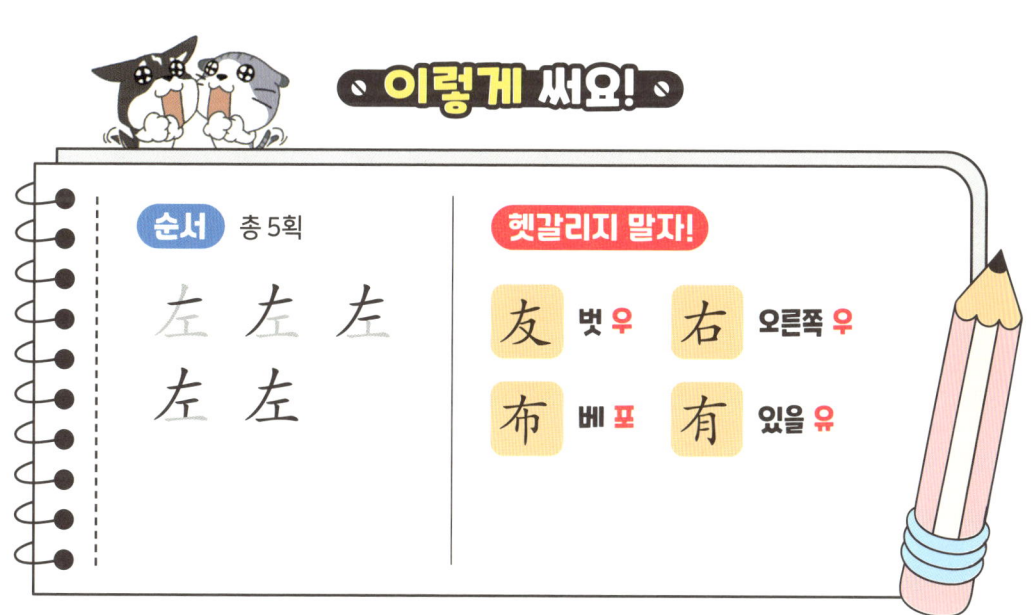

기회는 한 번뿐

이렇게 쓰여요!

右往左往 (갈 왕, 왼 좌, 갈 왕)
우 왕 좌 왕
이리저리 왔다 갔다 하며 일이나 나아가는 방향을 종잡지 못함

前後左右 (앞 전, 뒤 후, 왼 좌)
전 후 좌 우
앞과 뒤, 왼쪽과 오른쪽. 곧 사방(四方)을 이름

부수 口
右
뜻 오른
음 우

오른쪽·오른손이라는 뜻으로, 과거 손을 뜻했던 又(또 우)에 口(입 구)가 결합했어요.

右翼手 (날개 익, 손 수)
우 익 수
야구에서, 외야의 오른쪽을 지키는 수비수

인간들은 주로 오른손으로 밥을 먹기 때문에 이렇게 된 건가 보다~옹.

右回轉 (돌아올 회, 구를 전)
우 회 전
차 따위가 오른쪽으로 돎

이렇게 써요!

순서 총 5획

右 右 右 右 右

헷갈리지 말자!

石 돌석 左 왼좌 若 같을 약

이렇게 쓰여요!

上向 (상향) — 향할
위쪽을 향함. 또는 그 쪽

雪上加霜 (설상가상) — 눈, 더할, 서리
난처한 일이나 불행한 일이 잇따라 일어남을 이르는 말

最上 (최상) — 가장
높이, 수준, 등급, 정도 따위의 맨 위

路上 (노상) — 길
길거리나 길의 위

부수 一
上
뜻: 위
음: 상

위·앞·이전이라는 뜻의 지사자로, 하늘을 가리키는 모양이에요.

모양만 척 봐도 下(아래 하)의 반대 글자라는 걸 짐작했다멍.

이렇게 써요!

순서 총 3획

上 上 上

헷갈리지 말자!
土 흙 토
止 그칠 지, 금할 지

이렇게 쓰여요!

下人 (하인) — 사람
남의 집에 매여 일을 하는 사람

莫上莫下 (막상막하) — 없을, 위
더 낫고 더 못함의 차이가 거의 없음

下落 (하락) — 떨어질
값이나 등급 따위가 떨어짐

下手 (하수) — 손
남보다 낮은 재주나 솜씨. 또는 그런 솜씨를 가진 사람

부수 一
下
뜻: 아래
음: 하

아래나 밑·끝이라는 뜻의 지사자예요. 가로획은 땅을, 세로획은 땅 밑을 뜻해요.

지사자는 눈으로 볼 수 없는 생각을 나타낸 글자다옹.

이렇게 써요!

순서 총 3획

下 下 下

헷갈리지 말자!

于 어조사 우
丁 넷째 천간 정
卞 성씨 변, 법도 변
不 아닐 불(부)

안 되는 게 어딨어

이렇게 쓰여요!

가까울
近方
근 방

가까운 곳

서로 대답할
相對方
상 대 방

어떤 일이나 말을 할 때 짝을 이루는 사람

부수 方
方
뜻 모
음 방

네모·방위·방향·두루의 뜻으로, 밭에서 소가 쟁기를 끄는 모양을 나타낸 글자예요.

소가 한쪽 방향으로 나아가니 방향을 뜻하게 됐고, 밭 모양처럼 네모의 뜻도 생겼다개.

향할
方向
방 향

어떤 방위(方位)를 향한 쪽

법도
方法
방 법

어떤 일을 해 나가거나 목적을 이루기 위해 취하는 수단이나 방식

이렇게 써요!

순서 총 4획

方 方 方
方

헷갈리지 말자!

芳 꽃다울 방
夕 저녁 석
市 저자 시
布 베 포

47

스핑크스의 수수께끼

수수께끼다! **오전** 午前 에는 발이 네 개, **오후** 午後 에는 두 발이 되는 것은?

정답은 인간!

땡!

정답은 바로 나다옹. 앞발에 가시가 박혀서 네 발로 걸을 수가 없다냥.

처음부터 제대로 말을 하지 그랬냥!

도움이 필요한 거였냐개!

이렇게 쓰여요!

正午 바를 정 / 午 오
낮 열두 시

午餐 午 오 / 밥 찬
손님을 초대하여 함께 먹는 점심 식사

부수 十
午
뜻 낮
음 오

낮·정오의 뜻으로, 곡식을 빻는 절굿공이의 모양을 본떠 만든 글자예요.

절굿공이는 쿵쿵 시끄러운 소리가 나니까 낮에만 쓸 수 있는 물건이었겠지?

午前 午 오 / 앞 전
밤 열두 시부터 낮 열두 시까지의 시간

午後 午 오 / 뒤 후
낮 열두 시부터 밤 열두 시까지의 시간

이렇게 써요!

순서 총 4획

午 午 午
午

헷갈리지 말자!

牛 소 우   千 일천 천
干 방패 간   于 어조사 우

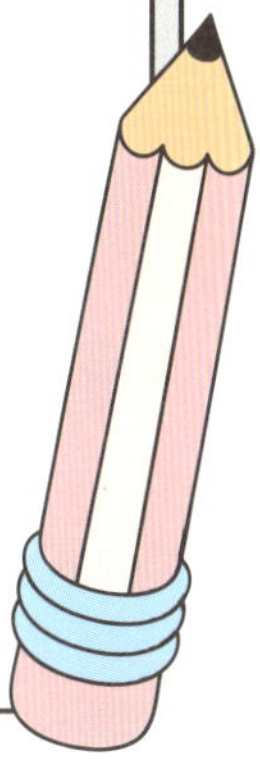

쓸데없는 걱정

이렇게 쓰여요!

빌 / 사이
空間
공 간
아무것도 없는 빈곳

언뜻 볼 / 눈 / 사이
瞥眼間
별 안 간
갑작스럽고 아주 짧은 동안

부수 門
間
뜻 사이
음 간

사이·틈새의 뜻으로, 門(문 문)과 日(해 일)이 결합한 모양이에요.

문틈 사이로 해 뜨는 모습을 떠올리면 쉽게 기억할 수 있을 거다멍.

사람 / 사이
人間
인 간
생각을 하고 언어를 사용하며, 도구를 만들어 쓰고 사회를 이루어 사는 동물

사이 / 먹을
間食
간 식
끼니와 끼니 사이에 음식을 먹음. 또는 그 음식

이렇게 써요!

순서 총 12획

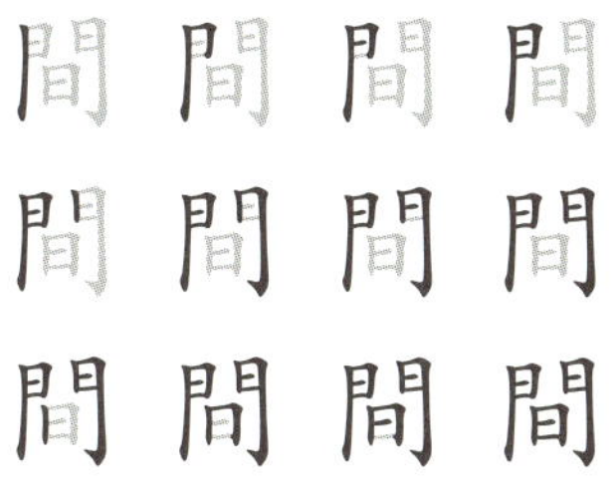

間 間 間 間
間 間 間 間
間 間 間 間

헷갈리지 말자!

問 물을 **문**   聞 들을 **문**

閘 수문 **갑**, 문 닫을 **압**

開 열 **개**

어떤 기다림

이렇게 쓰여요!

時間 (사이)
시 간
시간의 어느 한 시점

時機 (틀)
시 기
적당한 때나 기회

同時 (같을)
동 시
같은 때나 시기

臨時 (임할)
임 시
미리 정하지 아니하고 그때그때 필요에 따라 정한 것

時 (부수 日)
뜻 때
음 시

때·기한의 뜻을 가진 글자로, 日(해 일)과 寺(절 사)가 결합한 모양이에요.

시간과 관련된 글자여서 '기회'라는 뜻으로도 쓰인다옹.

이렇게 써요!

순서 총 10획

時 時 時 時 時 時 時 時 時 時

헷갈리지 말자!

侍 모실 시   待 기다릴 대   持 가질 지

도전! 7급 멍냥한자

1 풀이에 맞는 한자어의 음을 써 봅시다.

① 下人　　　남의 집에 매여 일을 하는 사람

② 下落　　　값이나 등급 따위가 떨어짐

③ 下手　　　남보다 낮은 재주나 솜씨.
　　　　　　또는 그런 솜씨를 가진 사람

2 문장에서 한자어를 바르게 읽은 것은 어느 것일까요?

- 午後(오전|오후)는 낮 열두 시부터 밤 열두 시까지의 시간을 말한다.
- 午餐(오찬|정오)은(는) 손님을 초대하여 함께 먹는 점심 식사를 말한다.

  ( ) 안에 있는 한자의 뜻과 읽는 소리는 무엇일까요? (뜻:　　 소리:　　　)

- 전쟁에서 (後)퇴는 훗날을 도모하는 훌륭한 병법 중 하나이다.
- 나중에 (後)회하지 않도록 최선을 다할 것이다.

4. □에 공통으로 들어갈 한자는 무엇일까요? ( )

- 화재경보기가 울리자, 사람들은 놀라 □왕좌왕했다.
- 사거리에서 □회전했을 때 바로 보이는 건물이 시청이에요.

① 左   ② 間   ③ 右   ④ 時

5. □에 들어갈 말을 차례로 써 봅시다. (/   )

□□는 이전부터 있었던 사례를 말하고, □□□□는 이전에도 없었고 앞으로도 없음을 뜻하는 말이다.

6. 풀이에 맞는 한자어를 연결하세요.

| 높이, 수준, 등급, 정도 따위의 맨 위 | ① • | • ⓐ | 最上 (최상) |
| 길거리나 길의 위 | ② • | • ⓑ | 路上 (노상) |

7 문장에서 한자어를 바르게 읽은 것은 어느 것일까요?

- 人間(사람|인간)은 사회적 동물이다.
- 많은 우주 쓰레기들이 우주 空間(공간|허공)을 떠돌고 있다.

8 ( ) 안에 있는 한자의 뜻과 읽는 소리는 무엇일까요? (뜻: 소리:)

- 일교차가 심한 (時)기에는 감기에 걸리기 십상이다.
- 두 선수는 거의 동(時)에 결승선을 통과했다.

9 빨간색으로 표시한 획은 몇 번째에 써야 할까요? (   )

① 첫 번째   ② 두 번째
③ 세 번째   ④ 네 번째

10 지금까지 익힌 한자를 떠올리며 문장을 읽어 봅시다.

주방에서는 左衝右突했지만, 꽤 근사한 요리를 완성했다.

동병상련

어려운 처지에 있는 사람끼리 서로 동정하며 도움

同 病 相 憐

한가지 동   병 병   서로 상   불쌍히 여길 련

옛날 중국 초나라에 오자서라는 사람이 있었어요. 오자서는 고향인 초나라를 버리고 오나라로 도망쳤는데, 관직에 있던 아버지와 형이 비무기라는 못된 사람의 모함으로 억울하게 처형당했기 때문이에요. 이후 오나라 왕의 신하가 된 오자서는 초나라에 복수할 날만 기다렸지요. 어느 날 그는 백비라는 사람을 오나라 왕에게 소개해서 벼슬자리를 얻게 해 주었어요. 사람들은 백비가 좋은 사람처럼 보이지 않는데 왜 그렇게 가까이 지내며 도와주는지 묻자, 오자서는 이렇게 말했어요.

"백비도 나와 같은 초나라 출신으로, 비무기의 모함 때문에 아버지를 잃었소. 나와 같은 처지인 백비를 동정하며 돕고 싶은 마음이 생기는 것은 당연한 이치가 아니겠소?"

생각·감정에 관한 사자성어

심사숙고 深思熟考	깊이 생각하고 오래도록 곰곰이 생각함. 신중한 태도
견물생심 見物生心	좋은 물건을 보면 누구나 가지고 싶은 욕심이 생김
인지상정 人之常情	어떤 상황에서 사람이라면 누구나 당연히 갖게 되는 감정

直 不全 道

여긴 어디, 우리 누구?
길 잃은 멍냥 형제
3장

場 平 內 正 每 市

멍이의 직감

이렇게 쓰여요!

單刀直入 (홑 단, 칼 도, 直 직, 들 입)
바로 요점이나 본문제를 중심적으로 말함

率直하다 (거느릴 솔, 直 직)
거짓이나 숨김이 없이 바르고 곧다

垂直 (드리울 수, 直 직)
똑바로 드리우는 상태

直感 (直 직, 느낄 감)
사물이나 현상을 접했을 때에 진상을 곧바로 느껴 앎. 또는 그런 감각

直 (부수 目)
곧다·바르다는 뜻으로, 目(눈 목)과 十(열 십), ㄴ(숨을 은)이 결합한 글자예요.
- 뜻: 곧을
- 음: 직

열 개의 눈, 즉 여러 사람의 눈으로 숨겨진 것도 바르게 볼 수 있다는 뜻이대개.

이렇게 써요!

순서 총 8획

直 直 直
直 直 直
直 直

헷갈리지 말자!
- 宣 베풀 선
- 宜 마땅할 의
- 植 심을 식
- 貞 곧을 정

이렇게 쓰여요!

不吉하다 (길할)
- 불 / 길
- 운수 따위가 좋지 아니하다. 또는 일이 예사롭지 아니함

不可하다 (옳을)
- 불 / 가
- 어떤 행위가 허용되지 않거나 가능하지 아니하다

부수 一

不

- 뜻: 아닐
- 음: 불, 부

아니다·못하다·없다는 뜻으로, 뿌리를 내렸지만 싹을 못 틔운 씨앗을 그린 거예요.

> 부 혹은 불로 발음한다옹.

不滿 (찰)
- 불 / 만
- 마음에 흡족하지 않음

不幸 (다행)
- 불 / 행
- 행복하지 아니한 일. 또는 그런 운수

이렇게 써요!

순서 총 4획

不 不 不 不

헷갈리지 말자!

- 否 : 아닐 **부**, 막힐 **비**
- 平 : 평평할 **평**, 다스릴 **편**
- 木 : 나무 **목**

이렇게 쓰여요!

편안
安全
안 전

위험이 생기거나 사고가 날 염려가 없음. 또는 그런 상태

평온할
穩全하다
온 전

본바탕 그대로 고스란하다

부수 入
全
뜻 온전할
음 전

온전하다·갖춰지다·흠이 없다는 뜻으로, 入(들 입)과 玉(옥 옥)이 결합한 글자예요.

값비싼 옥을 사들일 때 옥에 흠이 없는지 확인하면서 만들어진 글자다멍.

나라
全國
전 국

온 나라

몸
全體
전 체

개개 또는 부분의 집합으로 구성된 것을 몰아서 하나의 대상으로 삼는 경우에 바로 그 대상

이렇게 써요!

순서 총 6획

全 全 全 全 全 全

헷갈리지 말자!

金 쇠 금, 성씨 김   舍 집 사, 버릴 사

이렇게 쓰여요!

道具 (도구): 갓출
일을 할 때 쓰는 연장을 통틀어 이르는 말

複道 (복도): 겹옷
건물 안에 다니게 된 통로

道路 (도로): 길
사람, 차 따위가 잘 다닐 수 있도록 만들어 놓은 비교적 넓은 길

方道 (방도): 모
어떤 일을 하거나 문제를 풀어 가기 위한 방법과 도리

道
- 부수: 辶
- 뜻: 길
- 음: 도

길·도리·이치라는 뜻으로, 辶(쉬엄쉬엄 갈 착)과 首(머리 수)가 결합한 글자예요.

원래 인도하다, 이끈다는 뜻이었는데, 점차 지금의 의미로 확대된 거다옹.

이렇게 써요!

순서 총 12획

道 道 道 道 道 道 道 道 道 道 道 道

헷갈리지 말자! 導 인도할 도

평범한 행동

이렇게 쓰여요!

공변될 公平
- 공
- 평

어느 쪽으로도 치우치지 않고 고름

무릇 平凡하다
- 평
- 범

뛰어나거나 색다른 점이 없이 보통이다

부수 干

平

평평하다·고르다는 뜻으로, 干(방패 간)과 八(여덟 팔)이 결합한 모양이에요.

- 뜻 평평할
- 음 평

악기 소리가 고르게 퍼져 나간다는 뜻으로, 방패와는 아무 상관도 없다개.

아닐 不平
- 불
- 평

마음에 들지 아니하여 못마땅하게 여김

화목할 平和
- 평
- 화

평온하고 화목함

이렇게 써요!

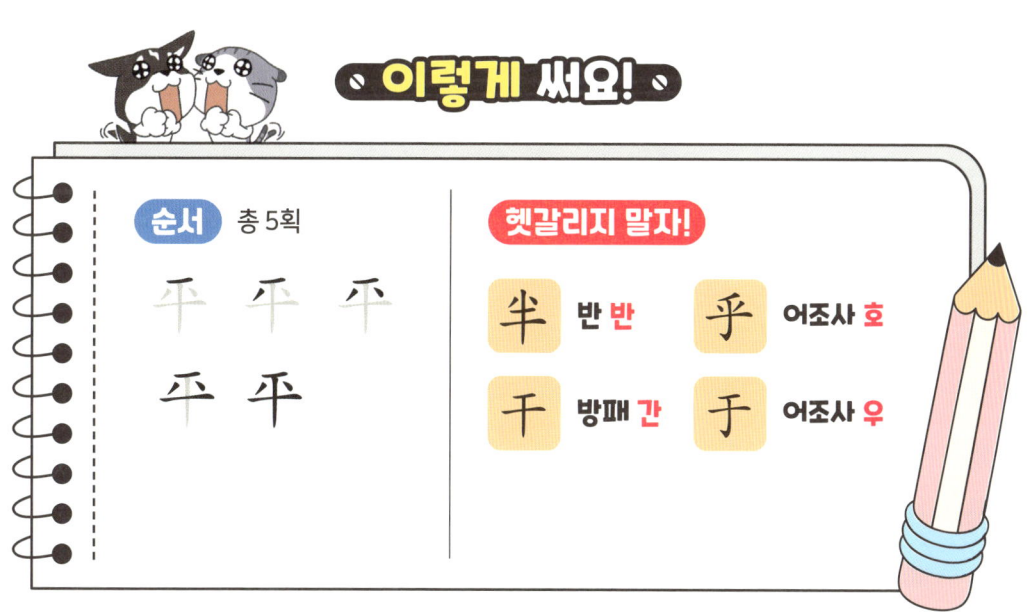

순서 총 5획

平 平 平
平 平

헷갈리지 말자!

- 半 반 **반**
- 乎 어조사 **호**
- 干 방패 **간**
- 于 어조사 **우**

괴물이다!

으… **당장 當場**이라도 괴물이 **등장 登場**할 것 같은 분위기다멍.

마침 여기 사다리가 있어. 올라가자!

커헉!

차… 차라리 이 안이 더 안전할 것 같다~옹.

이렇게 쓰여요!

마땅할
當場
당 장

눈앞에 닥친 현재의 이 시간

넓을
廣場
광 장

사람이 모일 수 있게 만든, 넓은 빈터

운전할 움직일
運動場
운 동 장

운동 경기, 놀이 등을 할 수 있도록 여러 가지 기구나 설비를 갖춘 넓은 마당

심할
劇場
극 장

연극, 무용 등의 공연이나 영화 상영을 위해 무대와 객석 등을 설치한 시설

부수 土
場
뜻 마당
음 장

마당·구획·장소의 뜻으로, 土(흙 토)와 昜(볕 양)이 결합한 글자예요.

딱 봐도 마당에 햇볕이 내리쬐는 모습을 나타낸다는 걸 알 수 있다옹.

이렇게 써요!

순서 총 12획

場 場 場 場
場 場 場 場
場 場 場 場

헷갈리지 말자!

楊 버들 양
揚 날릴 양
陽 볕 양

의연함의 비밀

이렇게 쓰여요!

內部
나눌
내 부

안쪽의 부분

案內
책상
안 내

어떤 내용을 소개하여 알려 줌. 또는 그런 일

부수 入
內
뜻 안
음 내

안·속·대궐이라는 뜻으로, 冂(멀 경)과 入(들 입)이 결합한 모양이에요.

冂 자는 특별한 의미 없이 집 모양을 나타내는 역할만 한다개.

外柔內剛
바깥 부드러울 굳셀
외 유 내 강

겉으로는 부드럽고 순하게 보이나 속은 곧고 굳셈

室內
집
실 내

방이나 건물 따위의 안

이렇게 써요!

순서 총 4획

內 內 內 內

헷갈리지 말자!

肉 고기 육   丙 남녘 병, 셋째 천간 병

73

어떤 도전

이렇게 쓰여요!

正式 (법 정, 식)
정당한 격식이나 의식

正義 (옳을 정, 의)
진리에 맞는 올바른 도리

부수 止
正
뜻 바를
음 정

옳다는 의미의 바르다·정당하다는 뜻으로, 止(발 지)에 一(한 일)이 결합했어요.

참고로 止 자는 사람의 발을 나타내고, 그치다라는 뜻으로 쓰인다옹.

正四角形 (넉 정, 뿔 사, 형상 각, 형)
변의 길이와 내각의 크기가 모두 같은 사각형

正確 (굳을 정, 확)
바르고 확실함

이렇게 써요!

순서 총 5획

正 正 正 正 正

헷갈리지 말자!

五 다섯 오   止 그칠 지, 금할 지   工 장인 공

이렇게 쓰여요!

每日 (매일) - 날 / 일
하루하루마다

每週 (매주) - 돌다 / 주
각각의 주마다

每番 (매번) - 차례 / 번
매 때마다

每事 (매사) - 일 / 사
하나하나의 일마다

부수 毋
每
뜻 매양
음 매

늘, ~마다라는 뜻을 가진 글자로, 머리에 비녀를 꽂은 결혼한 여자, 즉 어머니를 나타내요.

어머니의 마음은 늘 한결같아서 이런 의미를 가지게 되었다멍.

이렇게 써요!

순서 총 7획

每 每 每
每 每 每
每

헷갈리지 말자!

苺 딸기 매
母 어머니 모
毒 독 독
海 바다 해

멍이의 쓸모

이렇게 쓰여요!

市場 (시장) — 마당
여러 가지 상품을 사고파는 일정한 장소

市民 (시민) — 백성
시(市)에 사는 사람

出市 (출시) — 날
상품이 시중에 나옴. 또는 상품을 시중에 내보냄

都市 (도시) — 도읍
일정한 지역의 정치·경제·문화의 중심이 되는, 사람이 많이 사는 지역

부수 巾
市
뜻 저자
음 시

시장이라는 뜻을 가진 글자로, 亠(돼지해머리 두)와 巾(수건 건)이 결합한 모습이에요.

원래 今(어조사 혜)와 止(발 지)가 결합한 모양에서 지금의 글자로 바뀌었다옹.

이렇게 써요!

순서 총 5획

市 市 市 市 市

헷갈리지 말자!

巾 수건 건   市 슬갑 불

도전! 7급 멍냥한자

1 풀이에 맞는 한자어의 음을 써 봅시다.

① 公平   어느 쪽으로도 치우치지 않고 고름

② 平凡하다   뛰어나거나 색다른 점이 없이 보통이다

③ 平和   평온하고 화목함

2 □에 들어갈 말을 차례로 써 봅시다. (　　　/　　　)

□□하다는 본바탕 그대로 고스란하다는 뜻이고, □□은 위험이 생기거나 사고가 날 염려가 없음 또는 그런 상태를 말한다.

3 ( ) 안에 있는 한자의 뜻과 읽는 소리는 무엇일까요? (뜻:　　　 소리:　　　)

- 방과 후에 친구들과 운동(場)에서 축구를 했다.
- 영화가 끝나자 극(場) 안의 사람들이 한꺼번에 밖으로 나왔다.

 문장에서 한자어를 바르게 읽은 것은 어느 것일까요?

- 不滿(불안|불만)은 마음에 흡족하지 않음을 말한다.
- 不吉하다 (불행하다 | 불길하다)는 운수 따위가 좋지 않거나 일이 예사롭지 않다는 뜻이다.

 □에 공통적으로 들어가야 할 한자는 무엇일까요? (　)

- 갑자기 내린 눈으로 □로가 얼어붙자, 교통 체증이 심해졌다.
- 아무리 생각해도 그 문제를 해결할 방□가 떠오르지 않았다.

① 市　　② 場　　③ 每　　④ 道

 풀이에 맞는 한자어를 연결하세요.

| 거짓이나 숨김이 없이 바르고 곧음 | ① • | • ⓐ | 垂直(수직) |
| 똑바로 드리우는 상태 | ② • | • ⓑ | 率直(솔직)하다 |

7 문장에서 한자어를 바르게 읽은 것은 어느 것일까요?

- 신제품을 먼저 出市(출시 | 개발)하기 위해 여러 회사가 경쟁 중이다.
- 우리나라 최대의 항구 都市(도시 | 시장)는(은) 어디인가?

8 ( ) 안에 있는 한자의 뜻과 읽는 소리는 무엇일까요? (뜻: 소리:)

- 그녀는 (每)사 신중하게 생각하고 합리적인 선택을 한다.
- 우리 가족은 (每)주 토요일에 다 함께 집안 청소를 한다.

9 빨간색으로 표시한 획은 몇 번째에 써야 할까요? (   )

① 두 번째   ② 세 번째
③ 네 번째   ④ 다섯 번째

10 지금까지 익힌 한자를 떠올리며 문장을 읽어 봅시다.

존경받는 리더는 外柔內剛의 자세가 필요하다.

아전인수

'자기 논에 물 대기'라는 뜻으로, 자기에게만 이롭게 되도록 생각하거나 행동함

我 田 引 水
나 아 밭 전 끌 인 물 수

농사 기술이 발달하지 못했던 옛날에는 오랫동안 비가 내리지 않는 가뭄 때문에 종종 농사를 망치곤 했어요. 특히 뿌리가 늘 물에 잠겨 있어야 하는 벼농사는 더욱 그러했지요. 그러다 보니 남의 논에 채워져 있는 물을 훔치는 일도 있었다고 해요. 부지런한 농부가 열심히 물을 길어 와서 자기 논에 채워 놓으면, 바로 옆 논의 게으른 농부가 밤사이에 몰래 물길을 만들어서 자기 논으로 물이 흘러오게 했던 거예요. 때로는 다 같이 사용해야 할 시냇물을 자기 논으로만 흘러오게 만드는 경우도 있었지요. 이렇게 자기 이익부터 챙기는 이기적인 태도를 뜻하는 아전인수(我田引水)는 '자기 논에 물 대기'라는 우리 속담을 한자로 번역한 사자성어입니다.

태도에 관한 사자성어	
역지사지 易地思之	입장을 바꾸어 다른 사람의 처지에서 생각함
안하무인 眼下無人	눈 아래에 사람이 없다는 뜻으로, 다른 사람을 업신여김
배은망덕 背恩忘德	남에게 입은 은덕을 저버리고 배신함

姓 記 話 空

걱정 마, 잘 될 거야.

우린 늘 함께니까!

4장

 答安
 漢
 事名
 物

메시지

이렇게 쓰여요!

記錄 (기록할 기, 록)
후일에 남길 목적으로 어떤 사실을 적음.

筆記 (붓 필, 기)
글씨를 씀

부수 言
記
뜻: 기록할
음: 기

기록하다·외운다는 뜻으로, 言(말씀 언)과 己(자기 기)가 결합한 글자예요.

뭔가를 외우거나 기억할 때 자기 머릿속에 말로써 저장한다는 뜻이다옹.

記號 (부르짖을 기, 호)
어떠한 뜻을 나타내기 위해 쓰이는 부호, 문자, 표지 따위를 통틀어 이르는 말

記念 (생각할 기, 념)
어떤 뜻깊은 일이나 훌륭한 인물 등을 오래도록 잊지 아니하고 마음에 간직함

이렇게 써요!

순서 총 10획

記 記 記 記 記 記 記 記 記 記

헷갈리지 말자!

誌 기록할 지   語 말씀 어   紀 벼리 기

확실한 서명

이렇게 쓰여요!

同姓同本 (동성동본)
같을 / 성 / 같을 / 근본
성씨와 본관이 모두 같음

姓氏 (성씨)
성 / 씨
'성'을 높여 이르는 말

부수 女
姓
뜻 성씨
음 성

성씨·백성이라는 뜻으로, 女(여자 여)와 生(날 생)이 결합한 모양이에요.

옛날 중국에서는 여자만이 아이를 낳을 수 있어, 여자들만 성씨를 가질 수 있었다옹.

百姓 (백성)
일백 / 성
나라의 근본을 이루는 일반 국민을 예스럽게 이르는 말

姓名 (성명)
성 / 이름
성과 이름을 아울러 이르는 말

이렇게 써요!

순서 총 8획

姓 姓 姓 姓 姓 姓 姓 姓

헷갈리지 말자!

性 성품 성   牲 희생 생   洼 넘칠 생

집사와의 통화

이렇게 쓰여요!

통할
通話
통 화
전화로 말을 주고받음

대답할
對話
대 화
마주 대하여 이야기를 주고받음. 또는 그 이야기

번개
電話
전 화
음성이나 소리를 전기 신호로 바꾸어, 전송로를 이용해 먼 곳까지 보내는 통신 기기

귀신
神話
신 화
고대인의 사유나 표상이 반영된 신성한 이야기

부수 言
話
뜻 말씀
음 화

말한다는 뜻을 가진 글자로, 言(말씀 언)과 舌(혀 설)이 결합한 모양이에요.

인간들은 나와 다르게 주로 말할 때 혀를 쓰는구나.

이렇게 써요!

순서 총 13획

話 話 話 話 話
話 話 話 話 話
話 話 話

헷갈리지 말자!

語 말씀 어
說 말씀 설
談 말씀 담

금단 증상

이렇게 쓰여요!

空中 (공중) 가운데
하늘과 땅 사이의 빈곳

虛空 (허공) 빌
텅 빈 공중

空 부수 穴
뜻: 빌 / 음: 공
비다·헛되다·공허하다는 뜻으로, 穴(구멍 혈)과 工(장인 공)이 결합한 글자예요.

工 자는 흙을 다지는 도구를 뜻하니까 장인이 빈 공간을 지었다는 뜻이 되는 건가?

空氣 (공기) 기운
지구를 둘러싼 대기의 하층부를 구성하는 무색무취의 투명한 기체

空腹 (공복) 배
배 속이 비어 있는 상태. 또는 그 배 속

이렇게 써요!

순서 총 8획

空 空 空 空 空 空 空 空

헷갈리지 말자!

室 집실 堂 집당

이렇게 쓰여요!

坐不安席 (앉을 / 아닐 / 안 / 자리)
좌 불 안 석
마음이 불안하여 한군데에 가만히 앉아 있지 못함.

安寧 (편한할)
안 녕
편한 사이에서, 서로 만나거나 헤어질 때 정답게 하는 인사말

부수 宀
安
뜻 편안
음 안

편안함을 뜻하는 글자로, 宀(집 면)과 女(여자 여)가 결합한 글자예요.

여인이 집 안에 편안히 앉아 있는 모양을 나타낸다옹.

安心 (마음)
안 심
모든 걱정을 떨쳐 버리고 마음을 편히 가짐

保安 (지킬)
보 안
안전을 유지함

이렇게 써요!

순서 총 6획

安 安 安 安 安 安

헷갈리지 말자!

字 글자 자   宇 집 우

이렇게 쓰여요!

自問自答 (자문자답)
스스로 물을
스스로 묻고 스스로 대답함

正答 (정답)
바를
옳은 답

答辯 (답변)
말 잘할
물음에 대하여 밝혀 대답함. 또는 그런 대답

對答 (대답)
대답할
상대가 묻거나 요구하는 것에 대하여 해답이나 제 뜻을 말함. 또는 그런 말

答
부수 ⺮(竹)
뜻) 대답
음) 답

대답하다·회답하다는 뜻으로, 竹(대나무 죽)과 合(합할 합)이 결합한 글자예요.

옛날에는 대나무 조각을 엮어서 편지를 썼는데, 여기서 답한다는 뜻이 나왔다개.

이렇게 써요!

순서 총 12획

答 答 答 答
答 答 答 答
答 答 答 答

헷갈리지 말자!

岲 산 모양 합, 소리 갑
容 얼굴 용
客 손님 객

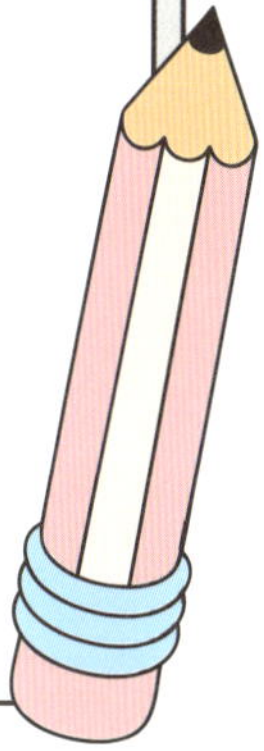

97

이렇게 쓰여요!

破廉恥漢 (파렴치한)
깨뜨릴 / 청렴할 / 부끄러워할 / 漢
체면이나 부끄러움을 모르는 뻔뻔스러운 사람

門外漢 (문외한)
문 / 바깥 / 漢
어떤 일에 전문적인 지식이 없는 사람

부수 氵(水)
漢
뜻 한나라
음 한

옛날 중국에 있던 한나라를 뜻하는 글자로, 한수(漢水)라는 강을 뜻하기도 해요.

怪漢 (괴한)
기이할 / 漢
거동이나 차림새가 수상한 사내

漢江 (한강)
漢 / 강
우리나라 중부를 흐르는 강

한수 옆에 있어서 나라 이름을 한나라로 정했고, 여기서 쓰던 글자가 바로 한자다옹.

이렇게 써요!

순서 총 14획

漢 漢 漢 漢 漢 漢 漢 漢
漢 漢 漢 漢 漢 漢

헷갈리지 말자! 嘆 탄식할 탄   韓 한국 한, 나라 한

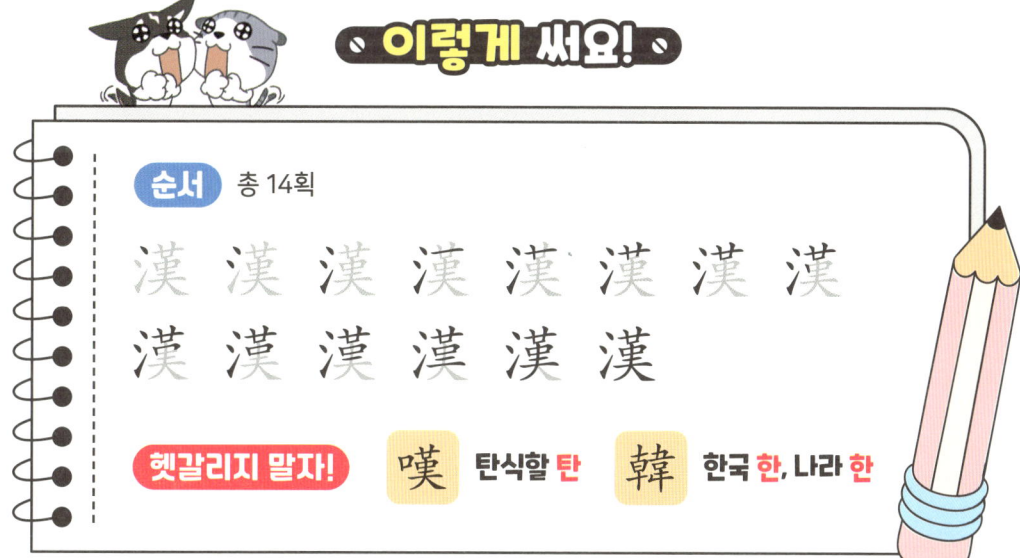

이렇게 쓰여요!

事事件件 (사사건건)
사 사 건 건
해당되는 모든 일 또는 온갖 사건

事緣 (사연)
사 연
일의 앞뒤 사정과 까닭

無事히 (무사히)
무 사
아무런 일이 없이

慘事 (참사)
참 사
비참하고 끔찍한 일

부수 亅
事
뜻: 일
음: 사

일·직업·사업이라는 뜻으로, 손에 도구를 쥐고 제사를 지내는 모습을 나타냈어요.

옛날에는 신에게 제사 지내는 사람을 뜻하다가 지금의 뜻이 되었다개.

이렇게 써요!

순서 총 8획

事 事 事 事 事 事 事 事

헷갈리지 말자!

車 수레 차, 수레 거   業 일 업   爭 다툴 쟁

합리화

이렇게 쓰여요!

名士 (명 사) 선비
세상에 널리 알려진 사람

名作 (명 작) 지을
이름난 훌륭한 작품

名聲 (명 성) 소리
세상에 널리 퍼져 평판 높은 이름

代名詞 (대 명 사) 대신할 / 말씀
사람이나 사물의 이름을 대신 나타내는 말

부수 口
名
뜻 이름
음 명

이름·평판이라는 뜻으로, 夕(저녁 석)과 口(입 구)가 결합한 모양이에요.

어두컴컴한 저녁에 상대방이 누구인지 이름을 물어보는 것에서 유래했다옹.

이렇게 써요!

순서 총 6획

名 名 名 名 名 名

헷갈리지 말자!

各 각각 각   客 손님 객   多 많을 다

이렇게 쓰여요!

物物交換 (사귈/바꿀)
물 물 교 환
돈으로 매매하지 않고 직접 물건과 물건을 바꾸는 일

物件 (사건)
물 건
일정한 형체를 갖춘 모든 물질적 대상

膳物 (반찬)
선 물
남에게 어떤 물건 따위를 선사함. 또는 그 물건

財物 (재물)
재 물
돈이나 그 밖의 값나가는 모든 물건

物 (부수 牛)
뜻: 물건
음: 물

물건·사물이라는 뜻으로, 牛(소 우)와 勿(말 물)이 결합한 글자예요.

살아 있는 소는 가축이지만, 정육점의 소고기는 물건이니까!

이렇게 써요!

순서 총 8획

物 物 物 物 物 物 物 物

헷갈리지 말자!

勿 말 물   沕 아득할 물, 잠길 밀

도전! 7급 멍냥한자

1 풀이에 맞는 한자어의 음을 써 봅시다.

① 通話　　　전화로 말을 주고받음

② 對話　　　마주 대하여 이야기를 주고받음. 또는 그 이야기

③ 神話　　　고대인의 사유나 표상이 반영된 신성한 이야기

2 □에 공통적으로 들어가야 할 한자는 무엇일까요? (　　)

- 내 단짝 친구 수연이와 나는 동□동본이다.
- 여기에 본인의 □명과 연락처를 정확하게 기재해 주세요.

① 名　　② 姓　　③ 答　　④ 話

3 ( ) 안에 있는 한자의 뜻과 읽는 소리는 무엇일까요? (뜻:　　소리:　　)

- 부모님은 내일 결혼 12주년을 (記)념하여 여행을 떠나신다.
- 그녀는 이번 대회에서 자신의 최고 (記)록을 세우며 우승했다.

 문장에서 한자어를 바르게 읽은 것은 어느 것일까요?

- 安心(안심│안전)은 모든 걱정을 떨쳐 버리고 마음을 편히 가지는 것을 말한다.
- 坐不安席(좌정관천│좌불안석)은 마음이 불안하여 한군데에 가만히 앉아 있지 못하는 모습을 나타낸 말이다.

 □에 들어갈 말을 차례로 써 봅시다. (　　　　/　　　　)

□□□□은 스스로 묻고 스스로 대답하는 것을 뜻하고, □□은 상대가 묻거나 요구하는 것에 대하여 해답이나 제 뜻을 말하는 것을 뜻한다.

 풀이에 맞는 한자어를 연결하세요.

| 세상에 널리 퍼져 평판 높은 이름 | ① • | • ⓐ | 名作(명작) |
| 이름난 훌륭한 작품 | ② • | • ⓑ | 名聲(명성) |

107

문장에서 한자어를 바르게 읽은 것은 어느 것일까요?

- 이 약은 식사 전 空腹(공허 | 공복)에 먹어야 해요.
- 화살이 날카로운 소리를 내며 虛空(허공 | 공중)을 갈랐다.

 ( ) 안에 있는 한자의 뜻과 읽는 소리는 무엇일까요? (뜻: 소리:)

- (漢)강변에서 펼쳐질 불꽃놀이를 구경하기 위해 많은 인파가 몰렸다.
- 나는 수학과 과학 분야에 대해서는 잘 알지만 예술 분야에는 문외(漢)이다.

 빨간색으로 표시한 획은 몇 번째에 써야 할까요? (   )

① 첫 번째   ② 네 번째
③ 여섯 번째   ④ 여덟 번째

🔟 지금까지 익힌 한자를 떠올리며 문장을 읽어 봅시다.

화폐가 생기기 전까지 사람들은 시장에서 物物交換을 했다.

사면초가

아무에게도 도움을 받지 못하는, 외롭고 곤란한 지경에 빠진 상황

四 面 楚 歌
넉 **사**   낯 **면**   초나라 **초**   노래 **가**

옛날 중국 초나라와 한나라가 전쟁을 벌이고 있을 때의 일입니다. 초나라의 왕 항우가 이끄는 군대가 한나라 군대에게 포위되고 말았어요. 초나라 군사들은 용맹하게 맞섰지만 며칠이 지나도록 빠져나갈 길을 찾지 못하고 있었지요. 그러던 어느 날 밤, 사방에서 초나라의 노랫소리가 들렸어요. 그런데 이 노래를 부른 사람들은 적국인 한나라의 군사들이었지요. 그리운 고향의 노래를 들으면 초나라 군사들의 마음이 약해질 거라고 생각했던 것입니다. 이 예상은 정확했어요. 초나라 군사들은 마음이 약해져 싸울 의지를 잃어버렸고, 결국 전쟁에서 패하고 말았지요. 이후 사면초가(四面楚歌)는 아무에게도 도움을 받지 못하는 곤란한 지경에 빠진 상황을 이르는 말로 쓰이게 되었어요.

상태·상황에 관한 사자성어	
금상첨화 錦上添花	비단 위에 꽃을 더하듯 좋은 일 위에 또 좋은 일이 더하여진 상태
속수무책 束手無策	손을 묶은 것처럼 어찌할 도리가 없어 꼼짝 못하는 상황
파죽지세 破竹之勢	쉽게 쪼개지는 대나무처럼, 적을 거침없이 물리치고 쳐들어가는 상태

소소하지만 확실한 행복♡

즐거운 멍냥 생활

5장

江

活

海

工

農

電

이렇게 쓰여요!

강할
強力
강 력
힘이나 영향이 강함

매혹할
魅力
매 력
사람의 마음을 사로잡아 끄는 힘

생각 모양
想像力
상 상 력
실제로 경험하지 않은 현상이나 사물에 대하여 마음속으로 그려 보는 힘

힘쓸
努力
노 력
목적을 이루기 위하여 몸과 마음을 다하여 애를 씀

부수 力
力
뜻) 힘
음) 력(역)

힘·힘쓰다·일꾼이라는 뜻으로, 밭을 가는 농기구의 모양을 나타낸 글자예요.

커다란 농기구로 밭갈이를 하려면 힘을 많이 써야 했겠지?

이렇게 써요!

순서 총 2획

力 力

헷갈리지 말자!

刀 칼 도
九 아홉 구
丸 둥글 환
方 모 방

이렇게 쓰여요!

없을 品삯 탈
無賃乘車
무 임 승 차

차비를 내지 않고 차를 탐

머무를
停車
정 차

차가 멎음. 또는 차를 멈춤

부수 車
車
뜻 수레
음 차, 거

수레·수레바퀴라는 뜻으로, 물건이나 사람을 싣고 다니던 수레의 모습을 나타낸 글자예요.

차 또는 거 두 가지로 발음을 한다개.

구원할 급할
救急車
구 급 차

위급한 환자나 부상자를 신속하게 병원으로 실어 나르는 자동차

머무를 마당
停車場
정 거 장

버스나 열차가 일정하게 머무르도록 정하여진 장소

이렇게 써요!

순서 총 7획

車 車 車 車 車 車 車

헷갈리지 말자!

草 풀초   章 글장   卑 낮을비

집이 최고!

이렇게 쓰여요!

氣高萬丈 (기고만장)
높을 일만 어른

우쭐하여 뽐내는 기세가 대단함

氣候 (기후)
기후

일정한 지역에서 여러 해에 걸쳐 나타난 기온, 비, 눈, 바람 따위의 평균 상태

부수 气

氣

뜻 기운
음 기

기운·기세·날씨의 뜻으로 쓰이며, 气(기운 기)와 米(쌀 미)가 결합한 모양이에요.

밥 지을 때 올라오는 수증기를 표현한 글자다옹. 밥 먹으면 기운이 난다는 뜻일까?

氣分 (기분)
나눌

대상·환경 따위에 따라 마음에 절로 생기며 한동안 지속되는, 유쾌함이나 불쾌함 따위의 감정

이렇게 써요!

순서 총 10획

氣 氣 氣 氣 氣 氣 氣
氣 氣 氣

헷갈리지 말자! 汽 물 끓는 김 기, 거의 흘

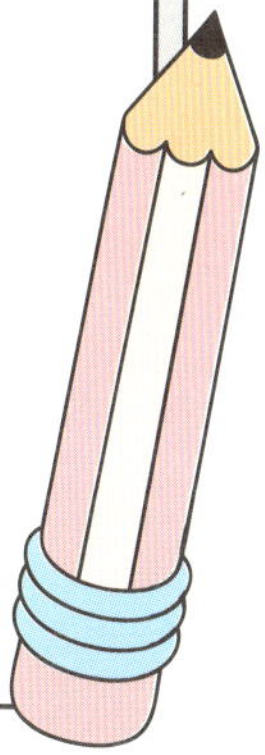

후유증

이렇게 쓰여요!

飮食 (음식) - 마실
사람이 먹고 마시는 것을 통틀어 이르는 말

過食 (과식) - 지날
지나치게 많이 먹음

부수 食
食
뜻: 밥, 먹을
음: 식

밥·음식·먹는다는 뜻을 가진 글자로, 음식을 담은 그릇에 뚜껑을 덮은 모양을 나타냈어요.

食 자가 부수로 쓰이면 십중팔구 음식이나 먹는 동작과 관련된 뜻이다개.

食中毒 (식중독) - 가운데, 독
음식물 가운데 함유된 유독 물질의 섭취로 생기는 급성 소화 기관병

禁食 (금식) - 금할
치료나 종교 등의 이유로 일정 기간 동안 음식을 먹지 않는 것

이렇게 써요!

순서 총 9획

食 食 食 食 食 食 食 食 食

헷갈리지 말자!

良 어질 량(양)   倉 곳집 창   貪 탐낼 탐

이렇게 쓰여요!

江山風月 (메 산, 바람 풍, 달 월)
강 산 풍 월
자연의 아름다운 풍경

江華島 (빛날 화, 섬 도)
강 화 도
인천광역시 강화군에 있는 섬

부수 氵(水)

江

뜻 **강**
음 **강**

강을 뜻하는 글자로, 水(물 수)와 工(장인 공)이 결합한 모양이에요.

工 자는 강둑을 단단하게 다지던 도구인 '달구'를 그린 거다옹.

江邊 (가 변)
강 변
강의 가장자리에 잇닿아 있는 땅. 또는 그 부근

江湖 (호수 호)
강 호
강과 호수를 아울러 이르는 말

이렇게 써요!

순서 총 6획

江 江 江 江 江 江

헷갈리지 말자!

工 장인 **공**   功 공로 **공**   紅 붉을 **홍**

121

생활의 지혜

이렇게 쓰여요!

活躍 활약
활발히 활동함

活火山 활화산
지금도 화산 활동을 계속하고 있는 화산

부수 氵(水)
活
뜻 살
음 활

살다·살아 있다는 뜻을 가진 글자로, 水(물 수)와 舌(혀 설)이 결합한 글자예요.

물기가 있는 혀바닥은 곧 살아 있다는 의미겠지?

再活用 재활용
폐품 따위의 용도를 바꾸거나 가공하여 다시 씀

生活 생활
사람이나 동물이 일정한 환경에서 활동하며 살아감

이렇게 써요!

순서 총 9획

活活活活活活活活活

헷갈리지 말자!

沾 더할 첨   浩 넓을 호

이렇게 쓰여요!

海水浴場 (물, 목욕할, 마당)
해 수 욕 장
해수욕을 할 수 있는 환경과 시설이 갖추어진 바닷가

海産物 (낳을, 만물)
해 산 물
바다에서 나는 동식물을 통틀어 이르는 말

부수 氵(水)
海
뜻: 바다
음: 해

바다·크다·널리라는 뜻으로, 水(물 수)와 每(매양 매)가 결합한 글자예요.

옛날엔 바다를 여성에 비유하곤 했는데, 每 자는 머리를 단정하게 묶은 어머니를 그린 거다옹.

深海 (깊을)
심 해
보통 수심이 200미터 이상 되는 깊은 바다

海女 (여자)
해 녀
바닷속에 들어가 해삼, 전복, 미역 따위를 따는 것을 직업으로 하는 여자

이렇게 써요!

순서: 총 10획

海 海 海 海 海 海 海 海 海 海

헷갈리지 말자!

洋 큰 바다 양
侮 업신여길 모
悔 뉘우칠 회

능력자 멍이

이렇게 쓰여요!

工夫 (공부) - 남편
학문이나 기술을 배우고 익힘

工事 (공사) - 일
토목이나 건축 따위의 일

工藝 (공예) - 재주
기능과 장식의 양면을 조화시켜 직물, 도자기 등 생활에 필요한 물건을 만드는 일

工具 (공구) - 갖출
물건을 만들거나 고치는 데에 쓰는 기구나 도구를 통틀어 이르는 말

부수 工
工
뜻: 장인
음: 공

장인·일·솜씨라는 뜻으로, 땅을 다질 때 사용했던 도구인 달구를 나타낸 글자예요.

옛날에는 흙을 단단히 다져서 강둑이나 성벽을 튼튼하게 만들었다개.

이렇게 써요!

순서 총 3획

工 工 工

헷갈리지 말자!
- 江 강강
- 土 흙토
- 士 선비사
- 干 방패간

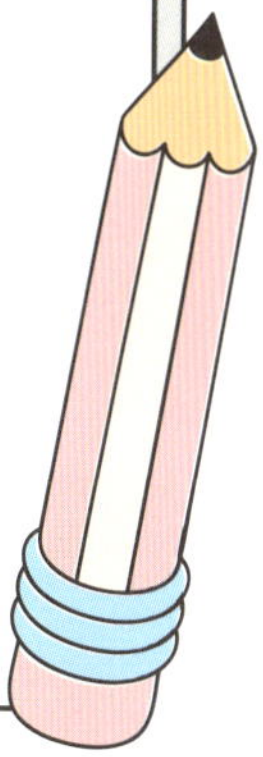

농부 멍이

이렇게 쓰여요!

酪農業 (낙농업) — 쇠젖 / 농 / 일
젖소 등을 길러 그 젖을 이용하는 산업

農樂 (농악) — 농 / 노래
농촌에서 행해지는 우리나라 고유의 음악

農場 (농장) — 농 / 마당
농사지을 땅과 농기구, 가축, 노동력 등을 갖추고 농업을 경영하는 곳

農事 (농사) — 농 / 일
곡류, 과채류 따위의 씨나 모종을 심어 기르고 거두는 따위의 일

農 (부수 辰)
뜻: 농사
음: 농

농사·농부라는 뜻으로, 辰(별 진)과 曲(굽을 곡)이 결합한 모양이에요.

辰 자는 농기구를, 曲 자는 밭을 가리킨다멍.

이렇게 써요!

순서 총 13획

農 農 農 農 農 農 農 農
農 農 農 農 農

헷갈리지 말자! 辰 별 진 / 晨 새벽 신

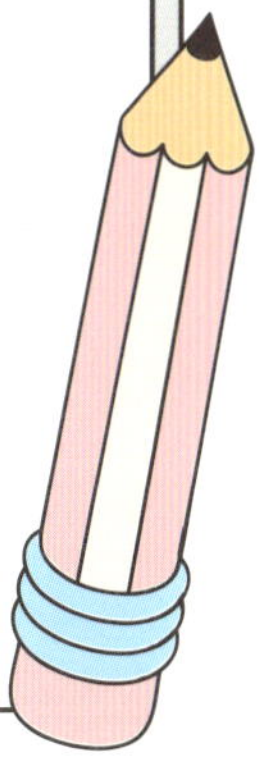

이렇게 쓰여요!

家電製品 (가전제품)
- 집 / 지을 / 물건
- 가정에서 사용하는 세탁기, TV 등의 전기 기기 제품

節電 (절전)
- 마디
- 전기를 아껴 씀. 또는 전력을 절약함

停電 (정전)
- 머무를
- 오던 전기가 끊어짐

電氣 (전기)
- 기운
- 물질 안에 있는 전자의 움직임에 의해 생기는 에너지

부수 雨

電

번개·전기·빠름이라는 뜻으로, 雨(비 우)와 申(펼 신)이 결합한 모습이에요.

- 뜻: 번개
- 음: 전

申 자는 번쩍 벼락이 떨어지는 모습을 표현한 거다옹.

이렇게 써요!

순서 총 13획

電 電 電 電 電 電 電 電 電
電 電 電 電

헷갈리지 말자!
- 雷 우레 뢰(뇌)
- 雩 기우제 우

도전! 7급 멍냥한자

 풀이에 맞는 한자어의 음을 써 봅시다.

① 救急車 [　　　] — 위급한 환자나 부상자를 신속하게 병원으로 실어 나르는 자동차

② 停車場 [　　　] — 버스나 열차가 일정하게 머무르도록 정하여진 장소

③ 無賃乘車 [　　　] — 차비를 내지 않고 차를 탐

 문장에서 한자어를 바르게 읽은 것은 어느 것일까요?

- 過食 (금식 | 과식)은 지나치게 많이 먹는 것을 뜻한다.
- 食中毒 (식중독 | 식곤증)은 음식물 가운데 함유된 유독 물질의 섭취로 생기는 급성 소화 기관병을 말한다.

 □에 들어갈 말을 차례로 써 봅시다. (　　　 / 　　　)

□□은 농사지을 땅과 농기구, 가축, 노동력 등을 갖추고 농업을 경영하는 곳이고, □□□은 젖소 등을 길러 그 젖을 이용하는 산업을 말한다.

 ( ) 안에 있는 한자의 뜻과 읽는 소리는 무엇일까요? (뜻: 소리:)

- 환경 보호와 자원의 재(活)용을 위해 쓰레기 분리수거는 잘 지켜져야 한다.
- 백두산은 지금으로부터 만 년 이내에 분화한 기록이 있는 (活)화산이다.

5 □에 공통적으로 들어가야 할 한자는 무엇일까요? (   )

- 심□에는 우리가 이제껏 본 적도 없는 수천만 종의 생물이 있는 것으로 추정된다.
- 제주도의 □녀문화는 가치와 보전의 필요성을 인정받아 유네스코 인류 무형문화유산으로 등재되었다.

① 海   ② 江   ③ 工   ④ 電

 풀이에 맞는 한자어를 연결하세요.

| 사람의 마음을 사로잡아 끄는 힘 | ① • | • ⓐ | 努力(노력) |
| 목적을 이루기 위하여 몸과 마음을 다하여 애를 씀 | ② • | • ⓑ | 魅力(매력) |

문장에서 한자어를 바르게 읽은 것은 어느 것일까요?

- 컴퓨터를 사용하지 않을 때는 節電(절약 | 절전) 모드로 바꾸어 놓아라.
- 에너지 효율이 좋은 家電製品(전기제품 | 가전제품)을 구입하는 것이 좋다.

 ( ) 안에 있는 한자의 뜻과 읽는 소리는 무엇일까요? (뜻: 소리:)

- 금속 (工)예는 금속 재료로 생활용품이나 장식품을 만드는 것을 말한다.
- 세상을 보는 시야를 넓히고 삶을 풍요롭게 누리려면 항상 (工)부를 해야 한다.

 빨간색으로 표시한 획은 몇 번째에 써야 할까요? (   )

① 두 번째   ② 네 번째
③ 다섯 번째 ④ 여섯 번째

 지금까지 익힌 한자를 떠올리며 문장을 읽어 봅시다.

겨우 한 번 잘했던 거로 언제까지 氣高萬丈할 거야?

우이독경

'쇠귀에 경 읽기'라는 뜻으로, 아무리 가르치고 일러 주어도 알아듣지 못함

牛耳讀經
소 우 귀 이 읽을 독 글 경

조선 후기의 학자 다산 정약용이 남긴 책 중에 〈이담속찬〉이라는 속담집이 있어요. 명나라의 〈이담〉이라는 책에 우리나라 속담을 더한 것이었지요. 우이독경(牛耳讀經)은 이 책에 나온 내용으로, 우리나라의 속담 '쇠귀에 경 읽기'를 사자성어로 바꾼 것입니다. 농사짓는 소에게 옛 성현들이 남긴 경전을 열심히 읽어 주면 뭔가 달라질까요? 아마 아무것도 달라지지 않을 거예요. 이처럼 우이독경은 아무리 가르치고 알려 주어도 도무지 알아듣지 못하는 것을 뜻해요.

비유적으로 의미를 전달하는 사자성어

근묵자흑 近墨者黑	먹을 가까이하면 검어진다는 뜻으로, 좋지 못한 사람과 가까이 지내면 나쁜 것에 물들게 됨
청출어람 靑出於藍	'쪽'이라는 식물에서 파란색 염료를 얻을 수 있는데, 쪽에서 나온 파란색이 원래의 쪽빛보다 더 푸르다는 뜻. 즉, 제자가 스승보다 더 뛰어남을 의미
오비이락 烏飛梨落	까마귀가 날아오르자 배가 떨어진다는 뜻으로, 아무 상관없는 두 일이 차례로 일어나서 마치 무슨 관련이 있는 것처럼 보임

7급 멍냥한자

뜻과 소리, 쓰는 순서를 생각하며
따라 써 봅시다.

총 10획, 부수 宀

家 家

뜻 집 음 가 집 가

총 6획, 부수 自

自 自

뜻 스스로 음 자 스스로 자

총 7획, 부수 子

孝 孝

뜻 효도 음 효 효도 효

총 11획, 부수 力

動 動

뜻 움직일 음 동 움직일 동

총 5획, 부수 一

世 世

뜻 인간 음 세 인간 세

총 3획, 부수 子

子 | 子

뜻 아들 음 자 — 아들 자

총 7획, 부수 足

足 | 足

뜻 발 음 족 — 발 족

총 4획, 부수 手

手 | 手

뜻 손 음 수 — 손 수

총 7획, 부수 田

男 | 男

뜻 사내 음 남 — 사내 남

총 5획, 부수 立

立 | 立

뜻 설 음 립(입) — 설 립(입)

총 9획, 부수 刂(刀)				
前	前			
뜻 앞 음 전	앞 전			

총 9획, 부수 彳				
後	後			
뜻 뒤 음 후	뒤 후			

총 5획, 부수 工				
左	左			
뜻 왼 음 좌	왼 좌			

총 5획, 부수 口				
右	右			
뜻 오른 음 우	오른 우			

총 3획, 부수 一				
上	上			
뜻 위 음 상	위 상			

총 3획, 부수 一

下 下

뜻 아래 음 하 — 아래 하

총 4획, 부수 方

方 方

뜻 모 음 방 — 모 방

총 4획, 부수 十

午 午

뜻 낮 음 오 — 낮 오

총 12획, 부수 門

間 間

뜻 사이 음 간 — 사이 간

총 10획, 부수 日

時 時

뜻 때 음 시 — 때 시

총 8획, 부수 目				
直	直			
뜻 곧을 음 직	곧을 직			

총 4획, 부수 一				
不	不			
뜻 아닐 음 불, 부	아닐 불, 부			

총 6획, 부수 入				
全	全			
뜻 온전할 음 전	온전할 전			

총 12획, 부수 辶				
道	道			
뜻 길 음 도	길 도			

총 5획, 부수 干				
平	平			
뜻 평평할 음 평	평평할 평			

총 12획, 부수 土				
場	場			
뜻 마당 음 장	마당 장			

총 4획, 부수 入				
內	內			
뜻 안 음 내	안 내			

총 5획, 부수 止				
正	正			
뜻 바를 음 정	바를 정			

총 7획, 부수 毋				
每	每			
뜻 매양 음 매	매양 매			

총 5획, 부수 巾				
市	市			
뜻 저자 음 시	저자 시			

총 10획, 부수 言

記 | 記 | | |
뜻 기록할 음 기 | 기록할 가 | | |

총 8획, 부수 女

姓 | 姓 | | |
뜻 성씨 음 성 | 성씨 성 | | |

총 13획, 부수 言

話 | 話 | | |
뜻 말씀 음 화 | 말씀 화 | | |

총 8획, 부수 穴

空 | 空 | | |
뜻 빌 음 공 | 빌 공 | | |

총 6획, 부수 宀

安 | 安 | | |
뜻 편안 음 안 | 편안 안 | | |

총 12획, 부수 竹				
答	答			
뜻 대답 음 답	대답 답			

총 14획, 부수 氵(水)				
漢	漢			
뜻 한나라 음 한	한나라 한			

총 8획, 부수 亅				
事	事			
뜻 일 음 사	일 사			

총 6획, 부수 口				
名	名			
뜻 이름 음 명	이름 명			

총 8획, 부수 牛				
物	物			
뜻 물건 음 물	물건 물			

총 2획, 부수 力				
力	力			
뜻 힘 음 력(역)	힘 력(역)			

총 7획, 부수 車				
車	車			
뜻 수레 음 차, 거	수레 차, 거			

총 10획, 부수 气				
氣	氣			
뜻 기운 음 기	기운 기			

총 9획, 부수 食				
食	食			
뜻 밥, 먹을 음 식	밥, 먹을 식			

총 6획, 부수 氵(水)				
江	江			
뜻 강 음 강	강 강			

총 9획, 부수 氵(水)				
活	活			
뜻 살 음 활	살 활			

총 10획, 부수 氵(水)				
海	海			
뜻 바다 음 해	바다 해			

총 3획, 부수 工				
工	工			
뜻 장인 음 공	장인 공			

총 13획, 부수 辰				
農	農			
뜻 농사 음 농	농사 농			

총 13획, 부수 雨				
電	電			
뜻 번개 음 전	번개 전			

정답

(1) ① 충동적 ② 출동 ③ 행동　(2) 자부심 | 자존심

(3) 種子 종자 | 遺傳子 유전자　(4) ③ 世　(5) 뜻 : 효도 | 소리 : 효

(6) ① — ⓐ, ② — ⓑ (교차)　(7) 실수 | 훈수　(8) 뜻 : 서다 | 소리 : 립

(9) ③ 네 번째　(10) 추남, 미남

(1) ① 하인 ② 하락 ③ 하수　(2) 오후 | 오찬　(3) 뜻 : 뒤 | 소리 : 후

(4) ③ 右　(5) 前例 전례 | 前無後無 전무후무　(6) ① — ⓐ, ② — ⓑ

(7) 인간 | 공간　(8) 뜻 : 때 | 소리 : 시

(9) ④ 네 번째　(10) 좌충우돌

(1) ① 공평 ② 평범 ③ 평화　(2) 穩全 온전 | 安全 안전

(3) 뜻 : 마당 | 소리 : 장　(4) 불만 | 불길하다　(5) ④ 道　(6) ① — ⓐ, ② — ⓑ (교차)

(7) 출시 | 도시　(8) 뜻 : 매양 | 소리 : 매

(9) ② 세 번째　(10) 외유내강

(1) ① 통화 ② 대화 ③ 신화   (2) ② 姓   (3) 뜻 : 기록할 | 소리 : 기

(4) 안심 | 좌불안석   (5) 自問自答 자문자답 | 對答 대답

(6) ① — ⓑ   (7) 공복 | 허공   (8) 뜻 : 한나라 | 소리 : 한
    ② — ⓐ   (9) ④ 여덟 번째   (10) 물물 교환

(1) ① 구급차 ② 정거장 ③ 무임승차   (2) 과식 | 식중독

(3) 農場 농장 | 酪農業 낙농업   (4) 뜻 : 살다 | 소리 : 활   (5) ① 海

(6) ① — ⓑ   (7) 절전 | 가전제품   (8) 뜻 : 장인 | 소리 : 공
    ② — ⓐ   (9) ① 두 번째   (10) 기고만장

찾아보기

ㄱ

家 집 가 … 9

間 사이 간 … 51

江 강 강 … 121

空 빌 공 … 93

工 장인 공 … 127

記 기록할 기 … 87

氣 기운 기 … 117

ㄴ

男 사내 남 … 25

ㄷ

內 안내 … 73

農 농사 농 … 129

ㄷ

答 대답 답 … 97

道 길 도 … 67

動 움직일 동 … 15

ㄹ

力 힘 력(역) … 113

立 설 립(입) … 27

ㅁ

每 매양 매 … 77

名 이름 명 … 103

物 물건 물 … 105

ㅂ

方 모 방 … 47

不 아닐 불(부) … 63

ㅅ

事 일 사 … 101

上 위 상 … 43
姓 성씨 성 … 89
世 인간 세 … 17
手 손 수 … 23
時 때 시 … 53
市 저자 시 … 79
食 밥 식, 먹을 식 … 119

全 온전할 전 … 65
電 번개 전 … 131
正 바를 정 … 75
足 발 족 … 21
左 왼 좌 … 39
直 곧을 직 … 61

活 살 활 … 123
孝 효도 효 … 13
後 뒤 후 … 37

ㅊ
車 수레 차, 수레 거 … 115

ㅍ
平 평평할 평 … 69

ㅎ
下 아래 하 … 45
漢 한나라 한 … 99
海 바다 해 … 125
話 말씀 화 … 91

ㅇ
安 편안 안 … 95
午 낮 오 … 49
右 오른 우 … 41

ㅈ
自 스스로 자 … 11
子 아들 자 … 19
場 마당 장 … 71
前 앞 전 … 35

151

도전! 멍냥 한자 7급 Ⅱ

1판 1쇄 발행 2023년 10월 31일

글 방콕고양이
그림 이연

펴낸이 김유열
편성센터장 김광호
지식콘텐츠부장 오정호
단행본출판팀 | **기획** 장효순, 최재진, 서정희 | **마케팅** 최은영 | **제작** 정봉식

책임편집 이영미
디자인 김설아
인쇄 명진씨앤피

펴낸곳 한국교육방송공사(EBS)
출판신고 2001년 1월 8일 제2017-000193호
주소 경기도 고양시 일산동구 한류월드로 281
대표전화 1588-1580
이메일 ebsbooks@ebs.co.kr
홈페이지 www.ebs.co.kr

ISBN 978-89-547-7854-1 74710
　　　 978-89-547-6347-9 (세트)

ⓒ 2023, EBS·방콕고양이·이연

이 책은 저작권법에 따라 보호받는 저작물이므로 무단 전재 및 무단 복제를 금합니다.
파본은 구입처에서 교환해 드리며, 관련 법령에 따라 환불해 드립니다. 제품 훼손 시 환불이 불가능합니다.